# 안녕
# 나의 사랑
# 나의 아쩌씨

故 이선균 배우의 죽음을 애도하며

박성진, 김은심 부부시인 지음

**시인의 말**

## 故 이선균 배우의 죽음을 애도하며

 이십대부터 그대의 정열은 스페인의 투우처럼 열정적이었다.
 얼굴에 미소와 선함이 가득한 왕자처럼 말이다.
 나의 아저씨, 기생충, 화차, 잠, 끝까지 간다 등…

 〈잠〉에서 "빙의된 척" 열연하는 인상 깊은 연기!
 〈끝까지 간다〉에서 누군가에게 쫓기는 긴장감 넘치는 연기!
 드라마 〈나의 아저씨〉에서 자신을 도청하고 감시하던 여자애를 끝까지 감싸주는 따뜻한 어른의 연기!
 그는 우리에게 힐링의 연기 절정을 보여주었다.

 〈화차〉에서는 아내에게 배신당하는 모습을 보이며 끝까지 고군분투한다.

〈기생충〉에서 상류층 남성 역을 맡으며 온화한 듯 보이지만 하류층이 선을 넘는 건 참지 못하는 위선적인 인물의 연기도 인상적이다.

따뜻한 의사의 〈하얀 거탑〉, 영화 〈알 포인트〉에서는 귀신과 싸우는 군인 역할, 걸걸하게 욕을 하며 귀신에 홀려 미쳐가는 그의 연기는 작품 속 캐릭터를 소화하는 그 이상의 뛰어난 연기였다.

〈내 아내의 모든 것〉, 〈미옥〉, 〈커피프린스 1호점〉, 〈파스타〉, 〈쩨쩨한 로맨스〉, 〈체포왕〉, 〈임금님의 사건수첩〉, 〈성난 변호사〉에 이르기까지 이선균의 연기는 영화와 드라마의 신이 되었다.

특히 이선균은 영화 〈기생충〉에서 "박 사장" 역을 맡아 프랑스 칸 국제 영화제에서 최고의 상 "황금종려상"을 받았다.

이후에도 그는 담백한 캐릭터와 로맨틱한 연기로 빛나는 인생을 살고 있었다.

이선균 배우의 죽음은 개인의 죽음을 넘어선 세계적인 부고이다.
이선균이라는 강력한 소프트파워를 어떻게 회복할 것인가?
한 명의 연예인을 넘어 한국 대중문화의 소중한 "문화 자산"을 잃어버린 한국은 어떻게 수습할 것인지, 세계가 주목하고 있다.

"빛나는 순간 절정에서 생의 끝이 되었다."
누가 이 큰 별을 위로할 수 있을까?

2024년 1월 5일
부부시인 김은심 박성진

*이 시집은 배우 이선균의 안타까운 죽음 앞에 우리 사회의 책임을 통감하며 애석하고 그립고 아픈 마음으로 썼음을 고백한다.

잊지않겠습니다

**목차**

**시인의 말**  故 이선균 배우의 죽음을 애도하며   2

# 1부
**박성진 詩**

그대라는 젊은 태양   12

비둘기의 꿈   16

철창은 닫혀있고   18

수천만 꽃 해바라기로 피어   20

운명의 수레바퀴   22

천국의 시상식   24

혼자가 아니라오   27

사무치는 그리움 되어   28

운명 같은 늪   30

떠도는 별   32

나를 위해 아파 마오   33

그때 한번 불러주오   34

사랑하는 그대여   37

## 2부
**박성진 詩**

나 같은 사람 없기를  40

떠나는 길  41

성급한 이별  43

슬픈 비  44

세상은 조용해지려나  46

먼 길  48

짧은 드라마  51

그대의 빈자리  52

변명할 시간도 없이  54

한 영혼은 떠나가고  57

슬픈 이별의 밤  58

빛을 잃은 태양  59

미련도 명예도  60

뿌연 안개 세상  62

야만의 시대  64

## 3부
**박성진 詩**

나의 길  68

슬픔이 비켜가기를  71

붉은 카펫  72

낯선 검  74

그대 떠나고  77

그대 머무는 곳  78

어둠에 갇혀  81

우리는 하나였는데  82

설레임은 그리움 되어  84

별 하나  86

끝이 아닌 시작  88

가늠쇠  90

무거운 짐  92

억울한 영혼  93

별이 된 이선균  94

안녕 나의 사랑 나의 아저씨…  96

이선균 찬가(악보)  99

## 4부
**김은심 詩**

슬픈 별   102
봄이 오고 있는데   104
하얗게 하얗게   106
그대는 오늘도 다정한 사람   108
홀연히 떠나가고   111
춥지 말라고   112
슬픔을 나눌 시간도 없이   114
한겨울 별   115
흔들리지 않는 바람   117
눈물은 마르지 않고   118
설국으로 하얀 세상   120
서 있을 수 없는 바람 되어   121
죽음으로 피어난 꽃   122
흐르는 물처럼   123
하얀 꽃   125
세찬 바람에 떨어져 버리고…   126

# 1부

박성진 詩

# 그대라는 젊은 태양

아침에 떠오르는 동편 하늘 태양은
수도 없이 많다만 그대의 태양은
따뜻한 젊은 태양이었다.
"나의 아저씨" 힐링이 되어준 따뜻한 작은 태양아!

그대의 목소리가 생생하게 들려온다.
"좋은 어른이 된다는 것은 참 어려워!"

가자! 또 가자!
영화 "기생충" 박 사장을 부르는 곳이라면
하늘이어도 천국이어도 우주의 은하계까지라도
영화 속 박 사장을 부르는 곳이라면
젊은 태양 박 사장 손에 잡은 황금종려를 드높이며
그대와 함께 가는 세상 어디든지
함께 가자!

오늘은 슬픈 태양이 되어
젊은 태양
그 태양이 지고 말았다.
제2의 소프트파워 문화 자산을
지키려는 임들이여!
전세계를 빛나게 한
"황금종려상"은 무엇이던가?

한국에 아이돌이 전세계에 흥겨운 잔치를 벌이며
문화의 꽃을 피우고 있음에
이제 우리 모두가 "황금종려"를 지키는 힘을 모아
이선균이라는 별을 못 지킨 애도에
함께 아픔을 전한다.

하필이면 그대였더냐.
모두가 사실이 아니기를 바랐건만

별일 아니겠지 되뇌었건만

그대를 빨리 가도록 먹구름 불어올 때
하늘에서 마음껏 뛰어다니겠다고
홀연히 떠나버린 그대여

그리운 사람들아 용서해주시오.
내가 가고 싶지 않은 길을
가고 있으니 내 눈물을
닦아 주시오.

너와 나의
아픔일 수도 있는,
더 이상
흘리지 말아야 할 눈물이여!

# 비둘기의 꿈

노아의 방주 올리브 잎을 입에 물고 온
비둘기

피카소가 사랑한
비둘기

윤동주가 사랑한
비둘기

황금종려 잎사귀 입에 물고 온
비둘기

이제 탐욕스런 인간은
지구에서 비둘기를
쫓아내려나 보다.

이 시대에 쫓기는 새
비둘기야 너의 꿈
황금종려를 다시 입에
물고 오는 날
너를
꼭 안아주련다.

# 철창은 닫혀있고

푸드득 푸드득 날아다니고 있을 때
누군가 철창 안에 넣었다.
빠져나오려는 비둘기
온 힘을 다해 날갯짓한다.

비둘기 한 마리 종려나무 가지
입에 물었다. 부챗살을 편 듯
아름다운 종려나무 잎
입에 물고 당황스러운 비둘기 한 마리

영문을 모른 채 서있다.
푸드득 푸드득 창살을 쪼며
나아가려 하지만 철창은 닫혀있고
햇빛마저 보이지 않는다.

임이여
어둠을 뚫고 나아갈 새날이 오리니
눈이 내리는 추운 날 눈 속에서
복수초 꽃이 솟아오른다.

*종려나무(요한복음 12:12~13)
성경 속에 종려나무는 예수그리스도를 상징한다.
"황금종려상"은 영화계의 노벨문학상으로,
배우 故 이선균이 영화 〈기생충〉(감독 봉준호)으로
이 상을 수상했다.

# 수천만 꽃 해바라기로 피어

어느 겨울이 이렇게 쓸쓸한가?
어느 겨울이 이렇게 험한가?

세상의 어떤 칼이
이승과 저승을 갈라놓았는가?

그대의 따뜻한 가슴 환한 미소
아직 기억이 생생한데

이승과 저승을 갈라놓은
높은 산과 바다 너머

그곳에서도 해바라기 꽃씨 되어
수천만 꽃 해바라기로 피어

활짝 웃는
영원한 친구가 되시길…

# 운명의 수레바퀴

포토라인에서 뒤바뀐 운명의 수레바퀴
임의 하얀 미소 낚아채 가고

임의 의지와 상관없이
타인에 의해 떨어져 버린 예쁜 별

슬픈 시대
아픈 겨울이여

영광과 굴욕의 사각지대에서
단 한 번도 따듯한 위로도 못 받고

외롭고 두려웠을 그대의 눈물을
닦아주지 못한 미안함에

시인은 목메임으로 가슴을 두드린다.
가슴을 친다.

# 천국의 시상식

추운 세상에서 온 별을 맞이하려
반짝반짝 눈이 내린다.

가볍게 들어가는 문 안에
제2의 "황금종려상" 시상식이 시작되었다.
흰색 황금색 찬란한 색의 옷을 입은
비둘기 수만 마리
천국 문 안에 들어오고

그중에 황금빛으로 찬란한
비둘기 한 마리 입에 물려있는
황금색 종려나무 잎을 물고서
눈부신 날개를 푸드득 푸드득
무대 중앙에서
힘찬 날갯짓하며 서 있구나.

# 혼자가 아니라오

그대 가는 길 서러워 마오.
누구나 가는 길
그대의 선택이 옳았을지 몰라요.
그대의 선택을 존중해요.
그대 그리움 가득한
세상의 이야기들 이제는
추억이 되었어요.
밀려오는 파도와 부딪히는
파도 소리가 그대와 동무하여
하는 말
그대 가는 길
혼자가 아니라오.
그대 서러워 마오.

# 사무치는 그리움 되어

어느 해 어느 겨울이
이토록 한이 되었을까?

가기 싫었던 그대!
가야만 했던 그대이기에
그대 몸에 흐르는
피 한 방울까지도
뜨겁게 흘러간다.

최후의 한 방울까지
사무치는 그리움 되어
피안의 강을 건너온 그대 몸속에
아직도 식지 않는 핏방울이
뜨겁게 흐르고 있다.

# 운명 같은 늪

운명 같은 늪
나올 수 없게 빠졌다.

긴 가지 뻗어
나오게 하려 해도
그는 가지를
잡지 않았다.

그 늦은 하늘에서
행복한 꽃밭 되었다.

그대를 반길 황홀한
붉은 카펫 되어
그대가 밟기를 기다린다.

걷는 길 양옆에
붉은 장미꽃들이 활짝 피어 있다.

# 떠도는 별

떠도는 별이 있다. 그러다가
사라진다. 나는 지금 어디에
서 있는지 모른다. 급하게
날아온 별은 영문도 모른 채
방황하는 별이 되지 않으려
아픈 상처를 잊으려 한다.

# 나를 위해 아파 마오

나를 위해 아파 마오.
나를 위해 남겨진 것이 있다면
그대를 위해 간직하시오.

나를 위해 아파 마오.
이별의 끈 끊어진 이 날에도
환한 미소 잃지 않고
가지고 왔소.

늘 그대들과
나라를 위하여 이곳에서도
못다 한 꿈 펼치고 있으니
아파 마오.

# 그때 한번 불러주오

못다 한 꿈
친구들아
대신 이루어다오.

많이 울고 싶었는데
울지도 못하고
급히 쫓기듯 왔으니
내 울음까지
실컷 울어주오.

나의 서러운
영화의 한 장면마다
나를 기억해주오.

언젠가
황금종려상이 가득한 나라
근심 걱정 없는 나라가 되면
그때 나를 한번 불러주오.

# 사랑하는 그대여

온 세계의 뉴스는 황금종려의
주인공을 부고하고 애도한다.

그대의 희생은 언젠가는
밝은 태양이 되어 빛날 거야.

사랑하는 그대여
천국에서
제2의 황금종려를
마음껏 꿈꾸시게나.

앞으로는 이 나라에
그대처럼 급하게 가는 억울함 없도록
기도해 주시오.

# 2부

박성진 詩

# 나 같은 사람 없기를

나의 잘못된 판단 때문에
역사는 오류 되지 않기를 바라오.
훗날에 나 같은 사람 없기를 바라오.
지금은 이별도 슬픔도 죽음도
무엇인지 모른 채 이곳에
서 있으니 이별과 슬픔이
없는 내 나라가 되시오.

# 떠나는 길


떠나가는 나의 길이
외롭지 않도록

시 한 편 지어 읊어주오.
노래 한 곡 지어 불러주오.

미안하다. 사랑한다.
나의 친구들아!

# 성급한 이별

아직 이별의 인사도 다 못했네.
아직 사랑도 다 나누지 못했네.

성급한 이별은
영혼마저 길을 잃어버린 채

무얼 찾아
훌쩍 떠나가 버렸네.

# 슬픈 비

파란 하늘 내 한 점
더 물들인 파란 하늘
공허한 색

잿빛 하늘 내 한 점
더 물들인 잿빛 하늘
슬픈 색

맑은 하늘 내 한 점
더 물들인 나의
빛나는 하늘

하늘은 빛나는 별 하나
맞이하고 슬픈 비를 내린다.

# 세상은 조용해지려나

"나의 아저씨"를 지켜주지 못하였다.
웃고 울며 쌓은 추억
한 페이지 남긴 채
꽃잎 지듯 떠난 임이여!

그대 가고 나면 세상은
조용해지려나.
흙 속으로 침잠하며
잠자듯 떠난 임이여!

# 먼 길

노란 리본 하나 달아주려고
먼 길을 나섰는가?

레드 카펫을 뒤로하고
노란 리본 하나 남긴 채
국민 배우의 슬픈 사연 안고
떠난 그대

세월호 아픔도
그대의 아픔도
모두 사람들 욕심이 아니더냐?

# 짧은 드라마

한 편의 드라마가 짧게 끝났다.
늘 카펫 위에 밝고 환한 미소로
서 있던 그대여!

여기 한 송이
국화꽃 그대 것이니
받으시오.

그대의 드라마가
그대의 시간들이 짧았다 하여
서러워 마오.

# 그대의 빈자리

그대는 영웅
그대는 웃음 많았던 우리의 "아저씨"

그대의 대사 한마디에 울었고
그대의 대사 한마디에 웃었다.

그대의 빈자리
또다시 채워놓아야 할 공간

누가 그대를 대신하여
눈부신 위로 되어줄까.

# 변명할 시간도 없이

임아!
슬픈 사연 말 못 할 사연

변명할 시간도 없이
그렇게 빨리 강을 건너갔나.

누가 그대를 삼키려 하는가?
임이 보여준 세상

임의 그리움 묻힌 세상을 등지고
떠나야만 했던 임아!

이제 그대 얼굴을
어디에서 보려나…

# 한 영혼은 떠나가고

전선의 포성은 멈추었건만
그대에게 불어닥친 포성은
왜 그렇게 사납게 퍼부었는지
황금종려상이 무색하구나.

사람에게는 선함이 먼저 있다.
악행은 사람의 욕심이
만들어 내는 것

누가 영화인이 되려 할까.
한 영혼은 떠나가고
입을 앙다문 채
부르짖음에 답이 없다.

## 슬픈 이별의 밤

세계가 애도하는 별은 졌고
가족들은 누가 위로해주는가?

그대 위해 바람 부는
온 세계가 슬픔에 빠진
슬픈 이별의 밤이여!

# 빛을 잃은 태양

찬란한 태양아
하루에도 수천수만
뜨고 지는 별들아

한해의 마지막이 다 가기 전에
젊은 태양 하나가 빛을 잃었다.

먹구름에 가리우고
이윽고 폭풍이 불어와 삼켜버렸다.

억울함을 호소하는 "황금종려"와 함께
작은 태양이 지는 이날을
우리는 기억한다.

# 미련도 명예도

그리운 사람 먼 곳으로 여행하는 날
다시 올 수 없는 여행길에
미련도 명예도 던진 그대여!

오늘도 뜨거운 태양이 지나가는데
그리운 임은 볼 수 없으니
그리운 사람아, 보고 싶은 사람아!

# 뿌연 안개 세상

나의 결정 앞에
미지의 세계가 놓여진다.

두려움도 잠시
뿌연 안개로 덮인 세상

한 발짝도 내디딜 수 없다.
무엇이 기다리고 있을까?

차 안에 갇혀있는 나
생각마저 닫혀있는 나

# 야만의 시대

누가 그대를 야만의 시대
막다른 골목으로 몰았던가.

뿌리까지 뽑힌 종려나무 한 그루에
마녀와 야수가 달려들어
종려 잎새들을 한 잎 두 잎
다 뜯어버린다.

바르르 바르르 떨고있는 종려나무
찬란한 황금빛은 빛을 잃어가고,
골목길에 갇히여 말라버리고,

어두운 밤하늘만 짙게 깔려있다.

# 3부
박성진 詩

# 나의 길

동서남북 등고선을 보고
좌표도 찍어보았다.

동서남북 막힌 세상
울퉁불퉁 나를 내동댕이치는 것들
내 시야를 흐리게 한다.

마음의 눈마저 멀게 하는
세상에 내가 서 있을 곳이 없다.

사방 벽은 높고 험하다.
나는 나의 길을 가련다.

# 슬픔이 비켜가기를

양면의 카펫은
두 가지 소리를 듣는다.

한 가지는 화려한
발자국 소리로…

한 가지는 불안하여
밟히는 소리로…

0.1%의 희생양은 오늘도
불안한 걸음걸이로

붉은 카펫을 밟을 때마다
슬픔이 비켜가기를 기도한다.

# 붉은 카펫

고독한 붉은 카펫
언제 또 별이 지려나.
붉은 카펫은 서러워 우는데
오늘 붉은 카펫을 밟고
임이 지나가는구나.

붉은 카펫은 밟힐 때마다
두려움에 떨며
소리 내어 운다.
언제 붉은 카펫에
봄이 오려는가?

# 낯선 검

꿈을 키워가는 나에게
낯선 검이 보이고
누군가 나를 향해 던지운다.
나는 뒹구는 낙엽 되어
떨어지고 만다.
폭풍은 나를 향해 불어오고
나를 찌르는 검!
멈춰주었으면 좋겠다.
떨어져 뒹구는
낙엽들 그 위로 사람들이
밟고 지나가고 서러움에
다시 한 번 또 운다.

# 그대 떠나고

미국 아카데미에서
4관왕에 오른 영화 "기생충"

카리스마 넘치는 쉐프
공감 능력 없는 천재 신경과학자의
호평을 받은 그대여

전 세계인의 사랑을 받은
그대가 떠나가니
그대 부고 소식에
지구가 울고 있다.

# 그대 머무는 곳

겨우내 붙어있는
나뭇가지마다 기적처럼
붙어있는 낙엽들
그대들도 흔들리지 않도록 하여라!

그대 머리에 씌워있는
황금종려상 안고 화려하게
떠났구나.

그대 머무는 곳에
그대 빛나는 곳에
찬란한 별이 되기를…

# 어둠에 갇혀

어느 산 어느 어둠에
갇혔는가?

임의 의지는 간 곳 없고
황량한 들판 되었다.

늦가을 쓸쓸함보다
찬 서리 맞는 날

어둠에 갇혀 울었을
접동새의 슬픈 소리만 들려온다.

## 우리는 하나였는데

우리는 하나였는데
지금은 조각 나버린 우리

슬픔 반
그리움 반

이제는 추억 속에서만
볼 수 있는 그대

임의 산은 커다란
수묵화였나.

임은 산 너머
빛나는 별이었나.

# 설레임은 그리움 되어

산에 올라간다.
언덕 위에도 올라간다.
이름 모를 꽃들이 피어
인사를 하고 설레임은
그리움 되었다.

큰 별은 그리움
그대 환한 미소는
더 아픈 그리움
산과 들을 다니며
고독과 이별을 노래한다.

그리움 속에
영화 속 시인이 된
그대여!

# 별 하나

별 하나 반짝이며
몸을 떤다.
희미한 달빛
환한 별빛 되어
부르르 떤다.

미국 유럽에서도
별들이 반짝인다.
큰 나라의 별도
작은 나라의 별도
붉은 카펫을 걸으려면
신사로 무장한다.

갑옷을 입고 긴 칼을 차고
완전무장하여야
걸을 수 있는
그 붉은 카펫은
제2의 황금종려상으로
그대들을 안내한다.

# 끝이 아닌 시작


"나의 아저씨"에서
아이유와 함께 등장하는
박동훈 역을 맡은 그대
큰 사랑을 받았지.

"기생충"에서 황금종려상을
수상하여 더 큰 별이 되었지.

그대 그 빛나는 순간도
잠시 그대의 생이 끝나고

그대는 큰 별이 되어
꿈꾸는 세상은
끝이 아니고
지금 시작이 되었다.

# 가늠쇠

가늠자에 맞추는 가늠쇠
저격수 눈에
비둘기들이 보인다.

황금종려나무가 보이고,
종려 나뭇잎을 물고 있는
비둘기 한 마리

공포탄으로 쫓으려 하지 않고,
실탄을 장전하는 소리
찰카닥! 찰카닥!

황금종려 잎을 물고
창공을 차고 날아가는 비둘기에
망원렌즈를 조절하며

방아쇠를 당기는
저 손은 누구의 손인가?

# 무거운 짐

무거운 짐 지운 채
벼랑 끝에 세워놓고
모질게 쫓기만 하였구나.

그리운 사람, 보고픈 사람이여!

그대 가슴에 박힌 못
나에게도 무수히 박혀

미안함과 그리움으로
눈에 이슬 마르지 않네.

# 억울한 영혼

화려한 축제가 끝나기도 전
영문도 모른 채
축제의 붉은 카펫 위에서
미쳐 날뛰는 사자의 밥이 되었다.

하늘이여
억울한 영혼을 받아주소서.
당신의 품에 안아주소서.

황금종려상에 빛나는
한 영화인의 발걸음이 멈추지 않게 하소서.

# 별이 된 이선균

이선균 배우여!
좋은 배우
그리운 사람이여

그것이 무엇인지 몰랐다고
억울함 호소했지만
아무도 귀담아 들어주지 않고

숨 막힌 사연 안고
먹구름 깊은 길을 달려
국화 향기 속으로 떠난 사람이여

한껏 뛰어놀아야 할 멋진 세상
갈기갈기 찢기우고
울음조차 울 수 없어

혼자서 그렇게도 외롭게 가시었소?
작은 것에도 울고 웃던
착한 사람아

하얀 국화꽃 밭길로 가신 그곳에서
억울함 없는 세상 만들어 놓으려고
그리 급히 가시었소?

눈물로 바친 국화꽃도 이제는 시들어
꽃도 우리도 서럽게 울고 있다오.

# 안녕 나의 사랑 나의 아저씨…

임을 보내야 하는 슬픔을 안고
구만리 먼 길이 외로워서 어쩌나
마음도 영혼도 떠나시기 싫은 길 위에
황금종려 잎 나뭇가지 타고
하늘로 올라가신 임이여

나의 아저씨 나의 사랑아
이별을 노래하기에도 어색한 내 손에 잡은
국화 한 송이마저 서러워 고개를 떨구었다
향을 피워도 꽃을 바치는 순간에도
꿈인지 현실인지 믿어지지 않는
아픔아 설움아 나의 사랑아

임의 설움에 하늘마저 함박눈으로
이불자락을 펼치어 슬픔을 덮어주었구나

안녕 나의 사랑아
떠나가고 보내야 하는
국민의 슬픔마저 목이 메인다
붉은 카펫 위에서 울고 웃고 추억을 가득 담은
놀이터를 두고 가야만 했던 사람아

사랑하는 사람아
불러도 대답이 없어라
임의 그 자리가 빛나고 빛났던 자리였기에
더 큰 메아리가 되었다

더 큰 임의 사랑을 추억합니다
우리 모두 지켜주지 못하여 가슴만 치고 있어서
미안해요 사랑해요
안녕 나의 사랑 나의 아저씨!
임은 가고 없어도 그 이름 빛나는 큰 별이여!
국민배우 임의 이름을
다시 한번 손 모아 크게 불러봅니다.

# 이선균 찬가

박성진

# 4부

김은심 詩

# 슬픈 별

그대
어디에 이르렀나요.
허전한 눈물 적시며
그렇게 아픈 사연 안고
가시었소.

그대
흐트러진 마음 잡지 못한 채
아득한 길 눈물 적시며
가시려오.

그대
왜 그리 바쁘게
외로운 길을
가시려오.

그대
찬바람 불지 않는 따뜻한 천국에서
그대를 뵈오리니
하늘에서는 부디 평안하시오.
만나는 날까지 행복하시오.

# 봄이 오고 있는데

희망의 봄은 단장되어
아름답게 물들어가고
하늘에서 한줄기 새 빛도
임의 황금종려를
비추고 있는데

급하게 떠나려는 임을
붙잡지 못하였다.

홍매화 핑크빛 망울들
옥매화 잔잔한 봄의 여인들
행복한 봄소식이 멀지 않은데
임의 봄은 여기 이렇게

밤하늘 빛나는 별이 되어
외롭게 반짝거린다.

## 하얗게 하얗게

임을 보낸 그 날은
까만 밤이 하얀 밤이 되도록
밤새 하늘은 솜이불을 펴서
세상을 펑펑 하얀 눈으로 덮는다.

세상을 온통
하얗게 하얗게…

# 그대는 오늘도 다정한 사람

그대는 그리움 되어 숨고 말았다.
그대는 그리움 한이 되어 서있다.

엊그제 마주보며
환히 웃던 사람!

오늘은 그리움 되어 숨고 말았다.
그대는 오늘도 다정한 사람

오늘 그대의 그리움을 알기에
그만 목 놓아 울고 말았다.

## 홀연히 떠나가고

가지 말라고 하여도
홀연히 떠나가고
붙잡아도
떠날 사람이었을까?
그대 운명이 그뿐이었을까?
이제는 저 멀리
별이 돼버린 사람

# 춥지 말라고

캄캄한 밤
하얗게 되라고
눈이 겹겹이 쌓여
아픔을 감싸주는
하늘의 이불자락

종려잎을 물고
저 하늘에 별이 된
친구를 위해
따뜻한 눈, 하얀 눈
춥지 말라고

임을 위해 하얀 눈
눈이불이
임을 포근히 덮어주고 있다.

# 슬픔을 나눌 시간도 없이

아직 슬픔을 다 나누지 못하였다.
슬픔을 나눌 시간도 없이
목적 없이 정처 없이
떠도는 별이 되었다.

소리 내어 크게 울고 싶은데
울지도 못하고 떠난다.

# 한겨울 별

눈이 내린다.
들녘에도
거리에도
도심에도
보이지 않는 강 너머에도

한겨울 별이 된 임을
덮어주려
하얗게 하얗게
온 세상 가득
새하얗게 새하얗게

# 흔들리지 않는 바람

그대의 바람은 흐트러지지 않았다.
찬바람 비바람 눈보라 치는
바람 앞에도 그대의 바람은
그대의 굳건한 발 위를 지나갈 뿐
흔들리지 않는 바람 되어
그대의 빛나는 종려의 바람을
안고 서 있다.

# 눈물은 마르지 않고

여기저기 서성거리며
슬픔의 날이 사실인지
그대 부고의 날 전세계가
놀라움을 금치 못하고
그대 가는 소식을 슬퍼하였다.

이렇게 서서 애도하여도
눈물은 마르지 않고
임을 태우고 갈 마차는
우리의 슬픔까지 가득 담아
서둘러 급하게 떠나간다.

## 설국으로 하얀 세상

하늘에서 홑이불이
하나둘씩 가볍게
튜튜 되어 요정처럼
발레리나처럼
하얀 이불 홑이불들이
소오복 소오복
쌓여간다.

임을
따뜻하게 덮고 있다.
설국으로 하얀 세상으로

# 서 있을 수 없는 바람 되어

그대의 바람은 이유가 있는 바람
그대의 바람은 세찬 바람
거센 바람
바람은 서 있을 수 없는 바람 되어
그대의 바람을 날려버렸다.

## 죽음으로 피어난 꽃

아름다운 꽃들이
많건만 나는 왜?
국화꽃이 되었을까?

하얀 국화꽃 나를 더
서럽게 하는 하얀 국화꽃

하얀 국화꽃은 진실의 꽃이니
사랑하는 벗들아! 친구들아!

죽음으로 피어난 꽃
하얀 국화를 사랑하련다.

## 흐르는 물처럼

그대 저 하늘에서
흐르는 물처럼
받아 내리고 비가 되어
눈물이 되어 또 받아내린다.

등 기댈 곳 없는 세상아!
등 기댈 곳 없는 사람아!

# 하얀 꽃

곱게 달린 하얀 꽃
찬 서리에 꽃잎 시들었다.
순백의 꽃 구절초
찬 서리에 달랑달랑
겨우 붙은 목숨
찬 서리 맞은 꽃은 슬프다.

# 세찬 바람에 떨어져 버리고…

서리 맞아 서러운 낙엽
빛바랜 낙엽
붉은 카펫 붉은 낙엽들
앙상한 가지들만 남은
나뭇가지마다
위태롭게
붙어있는 낙엽들까지
떨어지고
겨우 살아 붙어있는 낙엽
한 잎마저 세찬 바람에
떨어져 버리고…

# 안녕
# 나의 사랑
# 나의 아저씨
故 이선균 배우의 죽음을 애도하며

**초판 1쇄 발행일**  2024년 1월 31일

**지은이**  박성진   김은심
**펴낸이**  곽혜란
**편집장**  김명희
**디자인**  김지희

**도서출판 문학바탕**
**주소**  (07333) 서울시 영등포구 여의대방로 379 제일빌딩 704호
**전화**  02)545-6792
**팩스**  02)420-6795
**출판등록**  2004년 6월 1일 제 2-3991호

ISBN  979-11-93802-01-4  (03810)
**정가**  10,000원

\* 이 책의 저작권은 저자에게 있으며 이 책의 전부 또는 일부를
  이용하시려면 저작권자의 서면동의를 받아야 합니다.
\* 이 책은 국립중앙도서관, 국회도서관 홈페이지에서 검색 가능합니다.
\* 문학바탕, 필미디어는 (주)미디어바탕의 출판브랜드입니다.